Novélisation : Sophie Marvaud
Hachette Livre, 43, quai de Grenelle, 75015 Paris.

Winx Club

La planète Zénith

hachette JEUNESSE

Bloom

C'est moi, Bloom, qui te raconte les aventures des Winx. Je suis la fille du roi et de la reine de la planète Domino, qui a été détruite par les Sorcières Ancestrales. C'est ma sœur aînée, la nymphe Daphnée, qui m'a sauvée. Elle a trouvé sur Terre des parents adoptifs aimants à qui me confier. Aujourd'hui, je possède le formidable pouvoir de la flamme du dragon et je suis chargée de défendre la dimension magique. Heureusement que je peux compter sur mes amies fidèles : les Winx ! Ensemble, nous venons de permettre le retour des fées sur Terre ! Nous avons renforcé notre puissance grâce à de nouveaux pouvoirs : d'abord Charmix et Enchantix, puis Believix, Sophix et enfin Lovix. Allons-nous encore progresser ?

Kiko est mon lapin apprivoisé. Il n'a aucun pouvoir magique, et pourtant, je l'adore.

Stella

Originaire de la planète Solaria, la fée de la lune et du soleil est vive et drôle. Sa confiance en elle est parfois un peu exagérée. Et c'est dommage qu'elle s'amuse à rendre son amoureux Brandon jaloux... En revanche, personne ne sait mieux qu'elle nous remonter le moral dans les pires moments !

Flora

Comme elle est douce et généreuse ! Et toujours bienveillante ! La fée de la nature est à l'écoute des plantes et elle sait leur parler. Cela nous a déjà permis de nous sortir de nombreux mauvais pas. Comme elle, Hélia est très attentif à ce qui l'entoure. Ils vont vraiment bien ensemble, tous les deux !

Tecna

Directe et droite, elle est extrêmement débrouillarde. Normal, elle est la fée des sciences et des inventions ! Elle maîtrise toutes les technologies, auxquelles elle ajoute toujours un zeste de magie. Toutefois, à ses yeux, la plus belle magie est celle de l'amour... Celui que lui porte Timmy a été pour elle une grande surprise !

Musa

Orpheline, la fée de la musique est très sensible. Les bouderies de Riven lui font toujours beaucoup de peine. Lorsqu'elle chante, accompagnée par ses amies, elle touche le cœur de ceux qui l'écoutent. Pas étonnant que le producteur Jason organise des concerts pour elle ! Il faut cependant se méfier des apparences : face au danger, sa musique devient une arme redoutable…

Layla

Venue de la planète Andros, la fée des sports est particulièrement courageuse. Elle était très amoureuse de son fiancé, Nabu. Sa disparition est pour elle une épreuve terrible ! Évidemment, nous lui sommes tous reconnaissants de s'être sacrifié pour nous, et nous essayons d'alléger au maximum la peine de notre amie.

Daphné

Ma sœur aînée est la dernière fée à avoir acquis le pouvoir de Sirenix… Mais elle ignorait que, pour se venger d'elle, les Sorcières Ancestrales l'avaient ensorcelé : celui-ci s'est retourné contre elle et l'a privé de son corps ! Transformée en nymphe, elle veille cependant toujours sur moi.

Mme Faragonda

Elle dirige l'université des fées d'Alféa. Elle nous soutient dans tous nos combats depuis toujours.

**Convoitées par les forces du mal,
les différentes planètes de Magix sont le lieu
d'affrontements terribles.**

**Les Trix nous ont toujours détestées, nous les Winx,
même lorsqu'elles étaient élèves à la Tour Nuage.
Elles ont préféré s'allier à nos ennemis :
Valtor ou encore les sorciers du Cercle Noir.
Heureusement, cela fait un moment qu'elles ne
nuisent plus à personne : grâce à nous, elles ont
été enfermées dans la prison d'Oméga !**

Tritannus

Fils du roi Neptune et de la reine Ligea, il est jaloux de son frère jumeau Nereus, héritier du Royaume des océans. Son trident magique lui donne d'impressionnants pouvoirs maléfiques, qui augmentent avec la pollution. Il transforme ses ennemis en mutants, et ceux-ci deviennent ses alliés. Pas facile d'imaginer qu'il s'agit du cousin de Layla !

Les Trix

Icy

Elle est à la fois l'aînée des Trix et leur chef. Elle a pour armes préférées les cristaux de glace, le blizzard et les icebergs.

Stormy

Elle sait déclencher tornades et tempêtes.

Darcy

Elle utilise des sortilèges mentaux : elle crée des illusions de toutes sortes qui peuvent rendre fou.

Les Spécialistes

L'aide de nos amis les Spécialistes est souvent la bienvenue. Mais comme il est difficile pour eux de nous faire confiance ! Nous sommes pourtant d'excellentes combattantes, au moins aussi fortes qu'eux. Et devinez qui les a délivrés de Diana, la fée supérieure de la Nature ?

Prince Sky

L'héritier du royaume d'Éraklion est mon fiancé ! Droit et honnête, il sait mieux que personne recréer un esprit d'équipe chez les garçons. Son amour rend ma vie beaucoup plus belle. J'espère qu'il durera éternellement !

Brandon

Il est aussi charmant que dynamique et spontané. Pas étonnant que Stella craque pour lui, et vice versa : ils sont tout simplement faits l'un pour l'autre.

Riven

Amoureux de Musa, il fait de plus en plus d'efforts pour ne pas être jaloux de ses succès. Et ce n'est pas toujours facile...

Timmy

Un jeune homme astucieux qui se passionne pour la technique.
Avec Tecna, forcément, ils se comprennent au quart de tour.

Hélia

Un artiste plein de sensibilité. Flora n'en revient pas, qu'un garçon pareil puisse exister !

Roy

Originaire d'Andros, Roy est un allié formidable dans nos missions sous-marines ! D'autant plus qu'il possède le pouvoir de respirer sous l'eau. Il est aussi secrètement amoureux de Layla, et cherche toujours à lui faire plaisir.

Résumé des épisodes précédents

Après avoir découvert la pierre de la Confiance en soi, nous avons résolu une nouvelle énigme. La pierre de l'Empathie serait cachée dans le château de la passerelle des Données, sur la planète Zénith où Tecna a grandi.

En même temps, j'ai compris que Sky m'aimait toujours : c'est une merveilleuse nouvelle !

Comme le temps presse, Tecna, Layla et moi partons tout de suite pour Zénith. Flora, Musa et Stella restent à Alféa pour protéger l'école.

Chapitre 1

Ce que Bloom ne sait pas

Dans une grande salle d'Alféa, Stella, Flora et Musa suivent un cours du professeur Wizgyz.

— Aujourd'hui, je vais vous présenter les sortilèges changeurs d'âge, explique-t-il avec enthousiasme. Ils peuvent être cachés presque n'importe où, ce qui les rend particulièrement dangereux...

Très intéressées, Flora et Musa l'écoutent avec attention. Au contraire, Stella a du mal à se concentrer. Il faut dire qu'elle n'arrête pas de dessiner dans son cahier. Elle invente des tenues pour un défilé de mode.

Avec ses pouvoirs magiques, le professeur Wizgyz fait apparaître une tasse de thé. Il boit le thé qui se trouve à l'intérieur... Et il se transforme en très vieil homme, avec une

barbe immense et une voix qui tremble.

Quand il retrouve son apparence normale, Flora lève le doigt.

— Oui, Flora ? demande le professeur.

— J'ai lu que certaines personnes pouvaient être attirées sans le savoir par les sortilèges changeurs d'âge. Elles ne peuvent pas s'empêcher de les attraper...

— C'est exact. Ces personnes ont besoin de changer d'âge, le temps de faire une pause dans leur vie.

Lorsque le cours se termine, Flora accepte de regarder les dessins de mode de Stella. Mais leur discussion est interrompue par un appel d'Hélia.

Mécontente, Stella attrape le téléphone des mains de Flora

et refuse de le lui rendre. Quand celle-ci finit par le récupérer, Musa s'exclame, exaspérée :

— On dirait vraiment que tu as trois ans, Stella ! Tu fais un caprice simplement parce que Flora est occupée !

— C'est parce que personne ne fait attention à moi !

— N'importe quoi !

Vexée, Stella appelle Brandon et lui demande de venir de toute urgence.

Peu après, le Spécialiste surgit, son épée à la main, prêt à défendre son amoureuse.

Mais celle-ci voulait juste qu'il assiste au défilé de mode qu'elle vient d'organiser. Brandon est furieux :

— Tu m'as dérangé en plein

exercice de dressage de dragon ! Fais l'effort de te mettre à la place des autres, de temps en temps ! Tu n'es plus une petite fille !

Alors Stella va bouder dans le musée de la Mode de Magix. Elle reprend son calme en admirant les tenues splendides que portaient les fées d'autrefois. C'est là que Musa et Flora finissent par la retrouver.

Stella leur montre une broche portée par un mannequin.

— Regardez cette merveille !

La fée du soleil tend la main pour attraper le bijou.

— Stella, tu n'as pas le droit ! s'écrie Musa.

— Je vais la remettre, ne t'inquiète pas.

Mais une lumière magique jaillit de la broche et enveloppe Stella. Qui se transforme... en petite fille de trois ans !

— Il ne manquait plus que ça ! soupire Musa.

— La broche contenait sûrement un sortilège changeur d'âge, dit Flora.

— On répète tous à Stella qu'elle se comporte comme une enfant. Elle a sûrement eu envie d'en devenir une !

Flora se penche pour prendre la petite Stella dans ses bras. Mais celle-ci s'agite en criant :

— Mais laisse-moi ! Je veux descendre !

Quand Flora la pose sur le sol, elle recommence à bouder parce qu'elle ne retrouve plus la broche. Exactement comme une enfant de trois ans !

Pendant ce temps, des mutants s'approchent de la porte de Zénith. Tritannus se trouve parmi eux. Il se tourne vers son père, l'ancien roi d'Andros, devenu un monstre lui aussi :

— Depuis que j'ai récupéré vos pouvoirs, je peux sentir la présence de tous les membres de la famille. Par exemple, je sais que ma cousine Layla vient d'arriver à Zénith !

Avec courage, la gardienne Lithia veut les empêcher d'ouvrir la porte. Mais le monstre tend son trident vers elle et récupère toute sa magie. Lithia s'évanouit.

Suivis par une nappe de pollution, les mutants pénètrent dans l'océan de Zénith. Ils se dirigent tout droit vers le château de la passerelle des Données.

Chapitre 2

Le château des Données

Avec assurance, Layla pilote notre yacht sur l'océan de Zénith. Lorsque Tecna calcule que nous sommes au bon endroit, je jette l'ancre.

Nous nous apprêtons à plonger quand une moto volante se

pose sur le pont. Son conducteur retire son casque.

— Tiens, bonjour, Roy ! dis-je.

— Qu'est-ce que tu fais là ? demande Layla.

— J'ai été envoyé ici pour surveiller l'océan de Zénith. Tritannus et ses mutants ont franchi la porte !

— On veut rejoindre la passerelle des Données, au fond de l'eau, juste en dessous, lui explique Tecna. Tu plonges avec nous ?

— D'accord. C'est votre jour de chance, les filles !

Layla préfère l'avertir :

— Avec notre pouvoir d'Harmonix, nous nageons incroyablement vite.

— Mais j'ai mes propres pouvoirs magiques, hé, hé... Pour nager, j'utilise l'Aura de triton.

En effet, porté par sa bulle

magique, Roy file sous l'eau aussi rapidement que nous.

Soudain, une petite voix nous arrête :

— À l'aide !

Il s'agit de Lithia, la gardienne de la porte de Zénith. Tecna la réconforte. En créant avec elle un lien magique, la fée permet à Lithia de retrouver ses pouvoirs volés par Tritannus.

Puis la gardienne nous emmène à la passerelle : un pont sous-marin très long et très étroit, d'une grande élégance, qui conduit à l'entrée du château des Données. Quel dommage que le spectacle soit gâché par la pollution de l'eau !

— Tritannus est déjà passé par là, dis-je.

Tecna m'approuve.

— Tu as raison. D'habitude, il y a des gardes qui surveillent la passerelle.

Aujourd'hui, la porte est grande ouverte. Personne ne nous accueille dans les pièces immenses qui mènent à la salle du trône.

Partout, l'eau polluée a permis le développement de ronces

sous-marines et de plantes maléfiques. Comment trouver la pierre magique au milieu de ce bazar ?

— C'est le moment de demander de l'aide, décide Tecna.

Elle ouvre son coffret magique. La gardienne de Sirenix apparaît et nous salue. Tecna lui explique que nous ne savons pas où chercher la pierre de l'Empathie.

La petite fée sourit malicieusement avant de répondre :

— Cherchez celui qui règne sur les autres...

Elle disparaît. Encore une énigme à résoudre... *Celui qui*

règne sur les autres, c'est forcément un roi. Mais aucun roi ne se trouve dans la pièce. En revanche, il y a un beau trône à moitié caché par les ronces.

Je vole jusqu'à lui. J'écarte les plantes. Et je découvre au

sommet du trône une magnifique pierre précieuse.

— C'est sûrement la pierre de l'Empathie !

Tecna tente de la décrocher grâce à ses pouvoirs magiques. Mais aucun sortilège ne fonctionne !

— Sans doute est-elle paralysée par ces plantes polluées ? dit Layla.

Elle saisit une des ronces pour l'arracher. Aussitôt, Tecna l'arrête en poussant un cri.

— C'est peut-être dangereux de toucher à ces plantes ! Et si elles étaient empoisonnées ?

— Qu'est-ce que tu en sais ?

— On ne sait jamais !

— Tu n'en as aucune idée, Tecna, mais tu imagines toujours tout savoir ! C'est très énervant !

— Et toi, tu n'écoutes jamais personne ! Tu es bien trop orgueilleuse !

Je n'en crois pas mes oreilles : mes amies se disputent ! Je suis sûre que c'est à cause de cette pollution maléfique...

Chapitre 3

Ce que Bloom ne sait pas

À Alféa, Flora et Musa font de leur mieux pour s'occuper de la petite Stella de trois ans. C'est très fatigant parce qu'elle a beaucoup d'énergie !

Elles appellent Brandon au secours, et il accepte de venir au plus vite. Mais elles n'osent pas lui dire au téléphone ce qui se passe exactement.

— J'espère que tu ne m'as pas fait venir pour rien, dit tout de suite Brandon à Flora quand elle lui ouvre la porte.

— Touché ! C'est toi le chat !

Une toute petite fille blonde vient de surgir de la chambre et de donner une tape sur sa jambe. Brandon la regarde avec stupéfaction : comme elle ressemble à Stella ! Et si c'était sa petite sœur ?

— Coucou ! Attrape-moi ! dit la petite fille en se cachant derrière un fauteuil.

Brandon lui fait des grimaces pour la faire rire.

— Cette gamine ressemble à Stella, c'est incroyable !

— C'est Stella, affirme Musa.

— C'est une blague !

— Pas du tout. Stella a été

envoûtée par un sortilège changeur d'âge.

Le pauvre Brandon est totalement catastrophé.

— Est-ce qu'elle va rester comme ça ?

— Non, non, le rassure Flora. D'après le professeur Wizgyz, le sortilège devrait s'arrêter tout seul au bout d'un moment.

— Ouf !

— On espère que ça va aller vite, soupire Musa.

Brandon sourit à la petite fille, charmante et joyeuse.

— Stella était vraiment mignonne à trois ans !

— Tu auras changé d'avis dans une demi-heure !

— Qu'est-ce que tu veux dire ?

— Que nous avons besoin d'un baby-sitter. Impossible de laisser cette enfant toute seule quelques minutes. Et nous sommes épuisées, Flora et moi.

— D'accord.

Le Spécialiste démarre une grande partie de cache-cache dans les chambres des Winx. La petite Stella le poursuit aussitôt et il fait semblant de se laisser attraper.

— Tu es trop rapide pour moi, Stella !

— Et toi, tu es drôle ! Je t'aime bien, lui confie la petite fille.

Le soir, Stella n'a toujours pas retrouvé son âge normal.

— C'est l'heure d'aller au lit, annonce Flora.

Une fois couchée, la petite fille réclame :

— Raconte-moi une histoire.

— C'est l'histoire d'une magnifique princesse... commence Musa. ...Qui s'appelait Stella.

— Comme moi, dit la petite fille.

— Exactement. Comme toi, elle était intelligente et courageuse, poursuit Flora. Elle voulait devenir créatrice de mode.

— Alors, qu'est-ce qui s'est passé ?

— Elle a travaillé très dur. Et elle est devenue la créatrice de mode la plus célèbre du monde entier ! conclut Brandon.

— Comme moi quand je serai grande, ajoute Stella.

Toute contente, elle s'endort. Brandon, Flora et Musa échangent des regards soulagés. Ils se lèvent et commencent à quitter la pièce sur la pointe des pieds.

Mais une lumière magique entoure la petite fille... qui

reprend l'apparence normale de leur amie Stella.

Celle-ci découvre avec étonnement l'ours en peluche sur son oreiller et la maison de poupée sur sa table de nuit.

— Que font ces jouets dans ma chambre ? J'ai fait un rêve très bizarre…

Tout heureux de retrouver son amoureuse, Brandon vient s'asseoir à côté d'elle.

— Eh bien, nous avons passé l'après-midi avec une charmante petite fille.

— J'aurais aimé être là, dit Stella sans comprendre.

Cette remarque fait bien rire ses amis, qui lui racontent alors ce qui s'est passé.

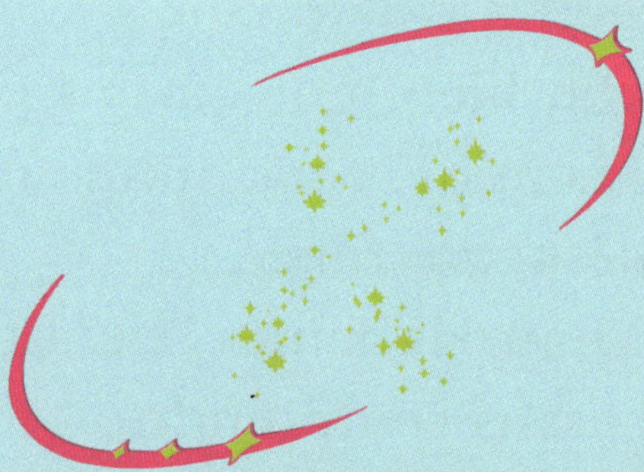

Chapitre 4

La pierre de l'Empathie

— Layla ! Tecna ! Cessez vos disputes ! s'écrie Roy. On nous attaque !

En effet, plusieurs mutants foncent sur nous. L'horrible troupe de Tritannus vient d'entrer dans la salle du trône. Vite, mes amies et moi utilisons nos pouvoirs magiques pour nous défendre.

Grâce à eux, nous réussissons à arrêter les mutants. Mais pas à les chasser du château.

Je profite d'un moment de répit dans la bataille pour aller voir la pierre magique, au sommet du trône. Je tente encore de la décrocher... Sans succès. C'est vraiment étrange !

Pendant ce temps, Tecna et Layla continuent de se disputer, tout en luttant contre les mutants.

— Layla, tu me gênes !

— Pousse-toi, Tecna ! Je me battrais mieux sans toi !

Brusquement, je comprends ce qui ne va pas. Cette pollution maléfique transforme le caractère de mes amies. Avec ces ricanements et cette jalousie,

on dirait les Trix. Or nous avons besoin d'être solidaires et généreuses pour obtenir la pierre de l'Empathie...

J'enveloppe Tecna et Layla de mon pouvoir de guérison. Elles sursautent... Et elles redeviennent elles-mêmes ! De nouveau, elles se regardent avec beaucoup d'amitié.

Nous demandons à Roy de nous protéger des mutants avec sa lance magique. Pendant ce temps, Tecna, Layla et moi, nous nous prenons la main. Nous nous souvenons de tout ce qui nous réunit : les aventures que nous avons vécues ensemble, les qualités de chacune de nous…

Et ça marche ! La pierre précieuse se détache toute seule du trône. Elle brille tellement fort que les mutants, effrayés, s'enfuient du château !

Doucement, elle flotte jusqu'à nous. Je murmure avec admiration :

— La pierre de l'Empathie...

Nos coffrets magiques apparaissent dans nos mains. La pierre de l'Empathie devient trois pierres identiques. Chacune se glisse à l'intérieur d'un coffret.

Il ne nous manque plus qu'une seule pierre magique pour obtenir le pouvoir de Sirenix. Nous ne savons pas où la chercher. Mais j'ai confiance. Le Livre de Sirenix nous l'indiquera au bon moment.

En attendant, j'ai hâte de revenir à Alféa pour préparer mon prochain voyage sur Terre. Demain, c'est Noël ! J'ai promis à Mike et Vanessa, mes parents, de venir le fêter avec eux à Gardenia…

Chapitre 5

La magie de Noël

Dans ma chambre d'Alféa, je prépare mes bagages. Je chantonne joyeusement tout en vérifiant mes cadeaux. J'ai même mis un manteau qui ressemble à un costume de lutin de Noël.

— Toc, toc, toc, dit Flora en frappant à la porte de ma chambre, qui est ouverte.

Toutes les autres Winx l'accompagnent.

— Entrez, les amies !

— Qu'est-ce que tu fais, Bloom ?

— Je prépare le réveillon de Noël. Sur la planète où j'ai grandi, la Terre, c'est la plus belle des fêtes.

Mes amies échangent des regards étonnés. On dirait

qu'elles n'ont jamais entendu parler de Noël !

Je leur explique :

— C'est une grande fête où tout le monde se fait des cadeaux.

— J'adore les cadeaux ! s'exclament-elles en chœur.

J'éclate de rire.

— Euh… En fait, ce qui compte, ce ne sont pas vraiment les cadeaux. Mais ce qu'on ressent au fond de soi : l'attention pour les autres et l'affection qu'on leur porte. On appelle ça : « la magie de Noël ».

Les Winx m'écoutent avec curiosité. Je poursuis tout en refermant ma valise :

— Les couleurs de Noël sont le rouge et le vert. Et puis, on décore aussi un arbre de Noël. Cette année, mes parents ont invité les enfants du quartier à passer une partie du réveillon chez nous. Il paraît qu'ils ont très envie de me rencontrer.

— Je les comprends, dit Flora. Tu es une star à Gardenia, Bloom.

Je lui souris et je continue mes explications.

— Quand il neige, on appelle ça un « Noël blanc ». C'est

vraiment magnifique, tous ces flocons qui descendent doucement sur la ville…

— Il ne neige jamais à Magix, fait remarquer Tecna.

— Oui, c'est dommage, dit Musa.

— C’est vrai. En fait, même quand il ne neige pas, Noël est un moment très particulier sur Terre. Un moment vraiment magique…

J’attrape ma valise et je sors dans la cour de l’école, suivie par mes amies.

— Tu vas nous manquer, Bloom, dit Layla.

— Je ne pars que deux jours. Je serai bientôt de retour.

À ce moment, les Spécialistes posent leurs motos volantes devant nous.

— Le cours s’est terminé plus tôt que prévu, explique Riven.

On en profite pour vous rendre une petite visite.

— Bonne idée ! s'exclame Musa.

— Mais toi, Bloom, tu t'en vas ? me demande Sky.

— Pas longtemps. Je vais chez mes parents pour Noël.

J'espère que l'année prochaine, on passera cette fête ensemble.

Il me prend les mains et me regarde amoureusement.

— Oh, oui, Bloom. Je ne sais pas ce que c'est que Noël. Mais je suis sûr que j'adorerais vivre ça avec toi !

Brusquement, alors que le ciel était bleu, des grêlons tombent sur nous ! Il ne s'agit pas d'un refroidissement soudain de l'air, mais d'une attaque menée par de gigantesques dragons de glace !

Affolées, les élèves courent dans tous les sens. Sauf nous,

les Winx, qui rassemblons nos pouvoirs d'Harmonix.

Pendant que les Spécialistes protègent les élèves et les aident à se mettre à l'abri, nous nous envolons pour lutter contre les dragons.

Leurs armes de glace sont très coupantes et dangereuses. Nous tentons de les faire fondre avec nos sortilèges. Malheureusement, ils ne fonctionnent pas sur ces grêlons magiques.

Et pendant ce périlleux combat, je ne cesse de penser à ma famille qui m'attend sur Terre pour fêter Noël.

Chapitre 6

Ce que Bloom ne sait pas

Un peu plus tôt, les Trix ont décidé de se promener à Alféa sans qu'on les voie. Pour cela, elles ont utilisé un pouvoir que leur a offert Tritannus : le sortilège d'invisibilité.

Sans faire de bruit, elles se

sont glissées dans la chambre de Bloom, au moment où celle-ci parlait de la « magie de Noël ».

Ensuite, de retour dans la cour, les Trix ont discuté entre elles à voix basse.

— Qu'est-ce que c'est, la magie de Noël ? a demandé Icy. Un nouveau pouvoir ?

— Sûrement, a affirmé Stormy. Quand je pense que Bloom va l'obtenir en allant sur la Terre… Pourtant, elle est déjà tellement puissante !

Darcy était très inquiète elle aussi.

— Après, c'est sûr, ce ne sera

même pas la peine d'essayer de la battre !

Mais Icy n'a pas tardé à prendre une décision.

— Il faut empêcher Bloom de quitter Alféa et de rejoindre la Terre !

Et les Trix ont créé un cristal de glace géant, qu'elles ont fait exploser au-dessus de l'école. Il s'est transformé en plusieurs dragons de glace qui ont lancé une pluie de grêlons sur les fées.

Maintenant, toujours invisibles, les sorcières savourent le spectacle des élèves qui s'affolent. Puis elles s'amusent de voir les Winx combattre les dragons dans les airs.

Quand les Winx menacent de triompher, Icy, Darcy et Stormy

font apparaître un nouveau cristal de glace. Il explose au-dessus d'Alféa et, cette fois, il se transforme en une immense bulle givrée qui emprisonne l'école. Au-dessus, les dragons continuent de tourner, l'air menaçant.

Les Winx essaient d'ouvrir un passage dans la bulle grâce à des sortilèges de chaleur. Mais elles n'y parviennent pas car la glace est d'une grande solidité.

En ricanant, les Trix regardent Bloom se précipiter sur le perron de la cour, où se trouve Mme Faragonda.

— Comment briser ce plafond de glace ? Je dois absolument être à Alféa pour Noël ! Ma famille m'attend ! explique Bloom.

La directrice semble très ennuyée.

— Il n'y a qu'une solution : découvrir d'où vient ce sortilège. Je vais réunir tous les professeurs et nous allons étudier l'un de ces grêlons.

Bloom sort son téléphone portable pour appeler Mike et

Vanessa. Mais le réseau magique ne fonctionne plus, à cause de la glace !

— Mes parents doivent être très inquiets ! dit Bloom à ses amies. Et les enfants invités sont sans doute déçus… Personne ne doit comprendre pourquoi je ne suis pas là comme prévu, pendant cette nuit de Noël…

Toujours invisibles, les Trix sont enchantées. Cela faisait longtemps qu'elles n'avaient pas aussi bien contrarié leurs ennemies…

— Et maintenant, suivons Bloom, dit Icy. Quand elle sera

seule, nous l'obligerons à nous dire comment obtenir ce pouvoir de Noël.

De leur côté, les Winx et les Spécialistes cherchent comment réconforter Bloom.

— Et si nous fêtions Noël ici avec elle ? suggère Stella.

Tecna sort aussitôt son ordinateur magique.

— Génial ! Faisons une recherche sur Internet... Ah, je vois qu'il existe plein de sites à ce sujet. Ils expliquent comment fêter le réveillon de Noël.

— Super ! On va se répartir le

travail, propose Flora. Moi, je veux bien m'occuper du sapin. C'est indiqué qu'il faut le décorer de couleurs vives.

Stella lit sur l'écran de son ordinateur :

— Quelqu'un doit se déguiser en vieux bonhomme vêtu de rouge ! Les Terriens ont de drôles de coutumes. Mais ça tombe bien, le rouge me va à merveille.

— On parle aussi de chaussettes de Noël, remarque Brandon près d'elle.

— Un site conseille de préparer un spectacle, explique Tecna.

— Aucun problème ! dit Musa avec enthousiasme.

— Ce sera le plus beau Noël de la vie de Bloom ! promet Sky.

Chapitre 7

Un Noël très original

Seule dans les couloirs d'Alféa, je devine une présence maléfique qui me suit. Mais je reste sur mes gardes. Et je parviens à rejoindre Mme Faragonda devant son bureau.

La directrice sort de sa réunion avec les professeurs de l'école. Je lui demande avec impatience :

— Avez-vous trouvé l'origine du sortilège ?

— Oui. Il a été créé ici même, à Alféa. Il va finir par disparaître tout seul. Mais cela veut dire que des ennemis très puissants se cachent tout près de nous. Ils veulent certainement t'empêcher de quitter l'école. Surtout, Bloom, sois très prudente ! Reste avec tes amis jusqu'à la fin du maléfice.

— Vous avez raison, madame Faragonda.

Les Winx et les Spécialistes sont dans la cour. Il fait nuit maintenant. Le réveillon de Noël doit être déjà bien entamé.... Quelle tristesse ! Que doivent penser mes parents ?

Stella m'accueille avec un grand sourire.

— Puisque tu ne peux pas retourner sur Terre, on a décidé d'organiser un réveillon rien que pour toi. Regarde !

À son signal, Riven et Hélia retirent un drap qui cachait… un arbre qui n'est absolument pas un sapin. Il est orné de toutes sortes de vêtements colorés. Le résultat est très bizarre.

Ensuite, Brandon dévoile un canapé recouvert de chaussettes…. Qui ne contiennent aucun cadeau.

Puis Timmy présente une grande maison de pain d'épice qu'il a fabriquée avec Tecna. Stella, déguisée en Père Noël, me souhaite un bon Noël. Et enfin, les autres Winx dansent en chantant : « Vive Bloom ! Vive Noël ! »

J'en ai les larmes aux yeux. Bien sûr, cela ne ressemble pas du tout à un Noël à la maison. Mes amis n'ont pas très bien compris ce qu'ils ont lu sur Internet. Mais ils ont mis tellement de cœur à préparer tout ça pour moi !

— Vous êtes les meilleurs amis du monde, dis-je, très émue. Moi aussi, j'ai un cadeau pour vous.

Grâce à une formule magique, je fais apparaître au poignet de chacune des Winx un bracelet original, avec une fleur pour Flora, une étoile pour Stella, une perle marine pour Layla, un symbole mathématique pour Tecna, un disque pour Musa et, pour moi, un cœur.

— C'est le bracelet de l'amitié ! dis-je. Conçu spécialement pour nous !

Elles sont ravies. Je veux offrir également un cadeau à chaque

Spécialiste, mais je n'en ai pas le temps. Les Trix surgissent devant nous pour nous attaquer !

En quelques minutes, elles détruisent l'arbre, la maison de pain d'épice, les chaussettes, tout ce que mes amis ont préparé.

La bataille est rude ! Et comme

la bulle de glace commence à fondre, les dragons en profitent pour foncer sur nous.

Tout s'éclaire : ce sont nos vieilles ennemies les Trix qui ont créé les dragons et la bulle. Elles doivent se cacher dans l'école depuis un moment déjà... Mais pourquoi ? Que cherchent-elles ?

J'interpelle Icy :

— Qu'est-ce que tu veux ?

— Un nouveau pouvoir, Bloom. Celui que tu appelles « la magie de Noël ».

— Même si je voulais te dire où le trouver, tu ne pourrais pas l'obtenir, Icy !

— Et pourquoi pas ?

— Parce que la magie de Noël est dans nos cœurs.

Les Trix ne semblent pas comprendre de quoi je parle. Mais elles devinent que je suis sincère et qu'elles n'ont aucune chance. Elles préfèrent quitter l'école, pendant que mes amis et moi finissons d'anéantir les dragons et la bulle de glace.

Celle-ci se transforme alors en une douce neige magique qui illumine Alféa...

Mme Faragonda s'avance vers moi.

— Joyeux Noël, Bloom !

Grâce à un puissant sortilège, elle fait apparaître le sapin de Noël de chez moi, les enfants qui l'ont décoré, tous les cadeaux... et même Mike et Vanessa !

Mes parents se précipitent pour me serrer dans leurs bras.

— Tout va bien, Bloom ?

— Oui, tout va bien ! Quel bonheur de vous retrouver !

— Oh oui, ma chérie ! Ce n'est pas vraiment Noël quand tu n'es pas avec nous.

Mme Faragonda n'aurait pas pu me faire un plus beau cadeau !

Ensuite, nous improvisons un ballet magique. Nous faisons voler les enfants en leur donnant la main. Ils sont émerveillés.

Je suis sûre qu'ils n'oublieront jamais ce Noël de rêve à l'école des fées !

Chapitre 8

La fleur des Profondeurs

Quelques jours plus tard, Mme Faragonda annonce l'ouverture de la compétition annuelle des motards aériens. Une course très amusante à regarder. Nos amoureux les Spécialistes y participent tous.

Mais Sky est de plus en plus inquiet. En perdant la mémoire, il a également oublié tous ses réflexes de motard. Avant son accident, il était l'un des pilotes les plus habiles de Magix. Aujourd'hui, il ne sait pas comment il va se débrouiller. Et pourtant, il veut absolument participer à la course.

Je l'encourage avec chaleur. Au moment du départ, je lui envoie un bisou magique qui améliore la confiance en soi.

La compétition commence. Après quelques hésitations, Sky parvient à piloter sa moto volante. Adossée à la fenêtre de ma chambre, je ne le quitte pas des yeux.

Mais voilà que le coffret Sirenix apparaît dans ma main. Il s'ouvre et la gardienne du coffret s'incline devant moi.

— Il reste une dernière pierre magique à découvrir, Bloom. Et vous n'avez plus beaucoup de temps.

— Je sais !

— Cherchez la fleur des Profondeurs... Elle ne répond qu'au courage...

Aussitôt la gardienne disparaît et le coffret se referme.

Enfin, la dernière énigme ! Je l'attendais avec impatience ! La fleur des Profondeurs... Je suis sûre qu'elle se trouve sur la planète d'origine de Flora : Lymphéa.

Oui, mais... Puis-je m'éloigner

de Sky en ce moment ? Et s'il avait un accident de moto en mon absence ?

Eh bien, cette fois, c'est moi qui vais rester à Alféa, pendant que mes amies vont partir sur Lymphéa.

Bientôt, si tout va bien, nous obtiendrons le pouvoir de Sirenix.

FIN

Découvre la prochaine aventure des Winx :
L'océan des Fleurs

Sur la planète Lymphéa, Flora, Stella et Musa
explorent l'océan des Fleurs, à la recherche
de la dernière pierre, celle du Courage.
Pendant ce temps, les Trix s'en prennent à Sky,
en pleine compétition de motos volantes.
Bloom réussira-t-elle à le protéger ?
Et, surtout, qui du maléfique Tritannus ou des Winx
obtiendra finalement le pouvoir de Sirenix ?

Tu connais tous les secrets des Winx ?

Retrouve toutes les histoires de tes fées préférées dans les livres précédents…

Saison 1

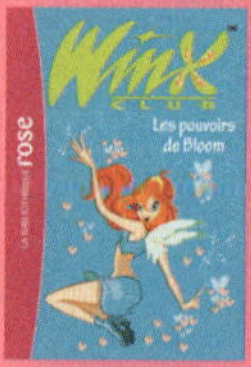

1. Les pouvoirs de Bloom

2. Bienvenue à Magix

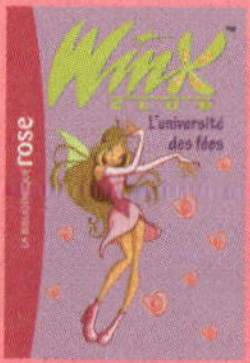

3. L'université des fées

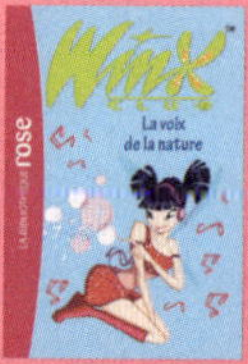

4. La voix de la nature

5. La Tour Nuage

6. Le Rallye de la Rose

Saison 2

7. Les mini-fées

8. Le mariage de Brandon

9. L'étrange Avalon

10. À la poursuite du Codex

11. Sur la planète du prince Sky

12. Que la fête continue !

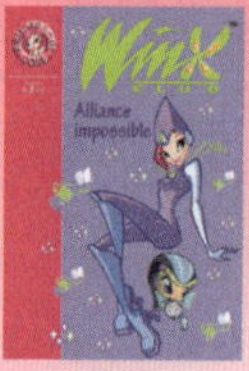

13. Alliance impossible

14. Le village des mini-fées

15. Le pouvoir du Charmix

16. Le royaume de Darkar

Saison 3

17. La marque de Valtor

18. Le Miroir de Vérité

19. La poussière de fée

20. L'arbre enchanté

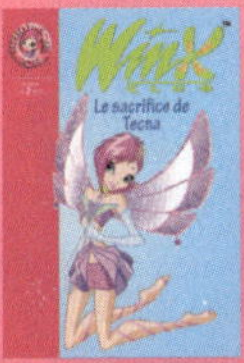

21. Le sacrifice de Tecna

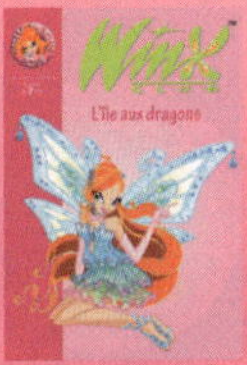

22. L'île aux dragons

23. Le mystère Ophir

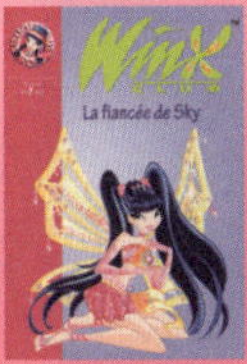

24. La fiancée de Sky

25. Le prince ensorcelé

26. Le destin de Layla

27. Les trois sorcières

28. La magie noire

29. Le combat final

Saison 4

0. Les chasseurs de fées

31. Le secret des mini-fées

32. Les animaux magiques

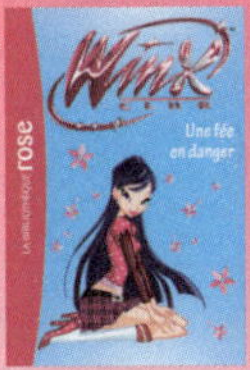

33. Une fée en danger

34. Le pouvoir du Believix

35. La magie du Cercle Blanc

36. La vengeance de Nebula

37. Le rêve de Musa

38. Les pouvoirs de Roxy

39. Une nouvelle mission

40. Le royaume des fées

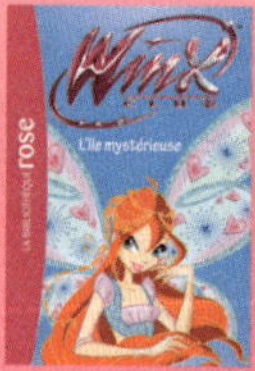

41. L'île mystérieuse

42. La vengeance de la nature

43. Le retour des sorciers

44. Le secre de Morgana

Saison 5

45. La cérémonie royale

46. Le retour des Trix

47. La transformation de Tecna

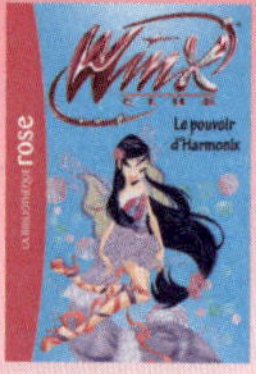

48. Le pouvoir d'Harmonix

49. Les pierres magiques

Les aventures les plus magiques des Winx dans trois compilations !

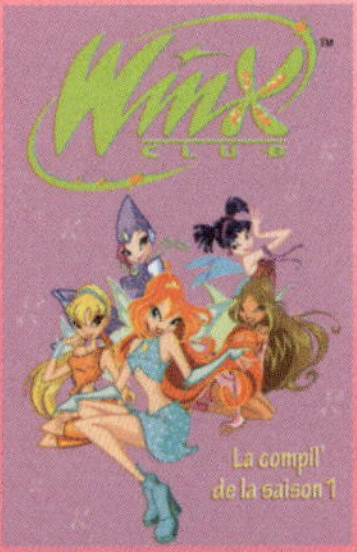

6 histoires magiques de la saison 1

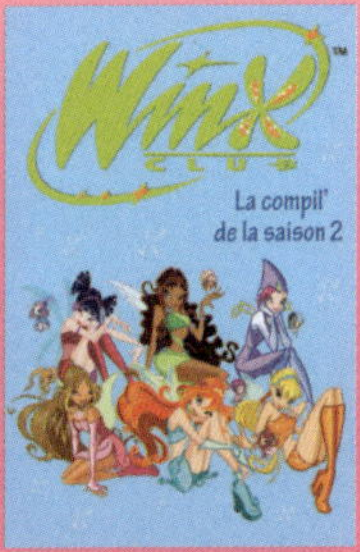

6 histoires fériques de la saison 2

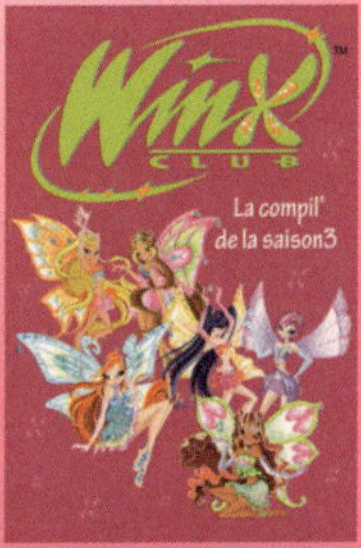

6 histoires incroyables de la saison 3

Le hors-série Winx Club avec le roman du film, des jeux et des tests Le Secret du Royaume Perdu

Le roman du film Le Secret du Royaume Perdu

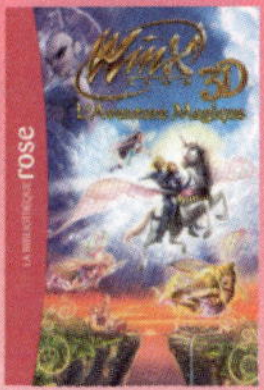

Le roman du film 2 L'Aventure Magique

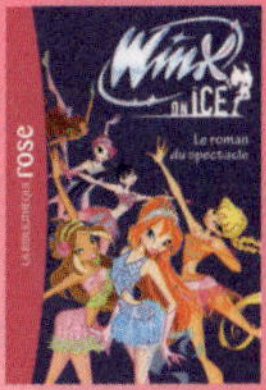

Le roman du spectacle Winx on Ice

Table

1. *Ce que Bloom ne sait pas*.................... 13
2. Le château des Données.................. 23
3. *Ce que Bloom ne sait pas*.................... 33
4. La pierre de l'Empathie 43
5. La magie de Noël 51
6. *Ce que Bloom ne sait pas*.................... 61
7. Un Noël très original 71
8. La fleur des Profondeurs 83

PAPIER À BASE DE
FIBRES CERTIFIÉES

hachette s'engage pour l'environnement en réduisant l'empreinte carbone de ses livres. Celle de cet exemplaire est de :
400 g éq. CO_2
Rendez-vous sur
www.hachette-durable.fr

Photogravure Nord Compo - Villeneuve-d'Ascq

Imprimé en Roumanie par G. Canale & C. S.A.
Dépôt légal : juillet 2013
Achevé d'imprimer : juillet 2013
20.3963.4/01 – ISBN 978-2-01-203963-6
Loi n° 49956 du 16 juillet 1949
sur les publications destinées à la jeunesse